BEI GRIN MACHT SICH IHR WISSEN BEZAHLT

- Wir veröffentlichen Ihre Hausarbeit, Bachelor- und Masterarbeit

- Ihr eigenes eBook und Buch - weltweit in allen wichtigen Shops

- Verdienen Sie an jedem Verkauf

Jetzt bei www.GRIN.com hochladen und kostenlos publizieren

Bibliografische Information der Deutschen Nationalbibliothek:

Die Deutsche Bibliothek verzeichnet diese Publikation in der Deutschen National-
bibliografie; detaillierte bibliografische Daten sind im Internet über http://dnb.d-
nb.de/ abrufbar.

Impressum:

Copyright © 2006 GRIN Verlag, Open Publishing GmbH
Druck und Bindung: Books on Demand GmbH, Norderstedt Germany
ISBN: 9783656491811

Dieses Buch bei GRIN:

http://www.grin.com/de/e-book/52949/herstellung-eines-einfachen-gebogenen-
halteelements-unterweisung-zahntechniker

Taro Hähnlein

Herstellung eines einfachen gebogenen Halteelements (Unterweisung Zahntechniker / -in)

GRIN Verlag

Prüfungstag:

Name des Prüfungsteilnehmers:

Prüfungsort:	Meisterschule
Ausbildungsberuf:	Zahntechniker
Thema der Unterweisung:	Herstellung eines einfachen gebogenen Halteelementes
Lernziele:	– Die Auszubildende erstellt selbständig ein einfaches gebogenes Halteelement – Sie lernt den Umgang mit dem Draht – Sie lernt den Umgang mit den verschiedenen Zangen – Sie lernt die Anforderungen, die an eine gebogene Klammer gestellt werden – Verletzungsgefahren im Umgang mit Draht und Zangen werden ihr bewusst
Lernort (Ausbildungsplatz):	Ausbildungsbetrieb

Bezug zur Ausbildungsordnung:

Teil des Ausbildungsberufsbildes:	Herstellen von partiellem Zahnersatz (§ 3 Nr. 11)
Zum Unterweisungsthema gehörende Fertigkeiten und Kenntnisse laut Ausbildungsrahmenplan:	Partielle Kunststoffprothesen mit eingearbeiteten gebogenen Halteelementen herstellen
Ausbildungsjahr bzw. Ausbildungshalbjahr:	1. Ausbildungsjahr
Lernvoraussetzungen:	– Die Auszubildende befindet sich im 5. Ausbildungsmonat des 1. Ausbildungsjahres – Die theoretischen Kenntnisse im Bezug auf die Herstellung von Halteelementen, sowie deren Planung wurde im Ausbildungsbetrieb bereits vermittelt – Der Einsatzbereich und die Anwendung der Zangen ist ihr bereits bekannt
Zeitdauer der Unterweisung:	ca. 20 Minuten
Gewählte Unterweisungsmethode:	4-Stufen-Methode
Verwendete Ausbildungsmittel:	Modell Draht 0,8 mm federhart Seitenschneider Flachzange Drahtbiegezange nach Angle Adererzange
Ausgangssituation:	Für die Herstellung eines provisorischen Zahnersatzes werden einfache gebogene Klammern benötigt. Das Modell wurde bereits vermessen und der Klammerverlauf angezeichnet.

Hiermit erkläre ich, dass ich diesen Unterweisungsentwurf selbständig verfasst habe.

München, den _____ 2006   ....

Unterweisungsablauf

1. Stufe: Vorbereiten

1. Das zur Unterweisung benötigte Werkzeug und Material, sowie das Modell wird bereitgelegt.
2. Durch eine freundliche, lockere Begrüßung wird eine entspannte Lernatmosphäre geschaffen.
3. Problemstellung: Für die Herstellung eines provisorischen Zahnersatzes werden einfache gebogene Klammern benötigt. Wie kann man diese herstellen?
4. Das theoretische Wissen in Bezug auf die bereit gelegten Werkzeuge, sowie die Planung der Klammer werden hinterfragt.
5. Ziel der Unterweisung ist das selbständige Herstellen von einfachen gebogenen Halteelementen.
6. Die Auszubildende wird dadurch motiviert, daß sie nach der Unterweisung bereits selbständig partielle Kunststoffprothesen herstellen kann.
7. Die Auszubildende wird über die auftretende Verletzungsgefahr belehrt.

2. Stufe: Vormachen und Erklären

	Was? (Lernschritte)	Wie? (Kernpunkte)	Warum? (Begründungen)
1	Abtrennen des benötigten Drahtes von der Rolle	Die gewünschte Drahtlänge von der Rolle wickeln und mit dem Seitenschneider abtrennen.	Um ein Drahtstück in passender Länge zu erhalten, aus dem die Klammer gebogen wird.
2	Begradigen des Drahtes	Das eine Ende des Drahtes wird mit der Flachzange gehalten, mit der anderen Hand wird der Draht in eine gerade Form gezogen.	Der Draht wird begradigt, um eine ebene Ausgangsform des Drahtes zu erhalten und so eine gleichmässige Klammer biegen zu können.
3	Biegen des Klammerarmes	Das eine Ende des Drahtes wird um die runde Backe der Angle-Zange gebogen, bis es dem angezeichneten Klammerverlauf vollständig folgt. Der Biegefortschritt wird durch Anlegen des Drahtanteiles am Klammerzahn überprüft, überflüssige Drahtanteile werden mit dem Seitenschneider unter dem Tisch vom Körper weg abgetrennt.	Der Draht wird entsprechend der geplanten Klammerverlaufslinie angebogen, um ein sichere Verankerung des Zahnersatzes, sowie eine größtmögliche Rotationssicherung des Klammerzahnes durch den Klammerarm zu erreichen.
4	Biegen der Klammerschulter und des Übergangs zum Retentionsteil	Die Angle-Zange wird am Ende des Klammerarmes angelegt, der Draht wird um 180° um die runde Backe gebogen.Die Zange wird im 90°-Winkel an der Klammerschulter angelegt und das freie Ende wird über die runde Backe um 90° in Richtung distal gebogen. Der Übergang wird auf ausreichenden Abstand zum Parodont überprüft und ggf. korrigiert.	Der Draht wird an den distalen Anteil des Zahnes angebogen, um eine Klammerschulter anzufertigen, die in sagittaler Richtung auftretende Kräfte kompensiert. Zudem wird ein Übergang in den Retentionsteil geschaffen.

5	Biegen des Retentionsteiles	Die Adererzange wird am Übergang zum Retentionsteil senkrecht angelegt, der Draht wird mittels der Zange gebogen. Die Adererzange wird umgedreht und an der Knickstelle der vorangegangenen Biegung angesetzt und der Draht mittels der Zange gebogen. Dies erfolgt solange, bis ein ausreichend langes Retentionsteil entstanden ist. Der Verlauf des Retentionsteils in ausreichendem Abstand zumr Gingiva wird überprüft und ggf. korrigiert.	Ein Retentionsanteil wird angefertigt, um eine sicher Verankerung der Klammer im Kunststoffprothesenkörper zu erreichen.
6	Abtrennen der überschüssigen Drahtanteile am Retentionsteil	Der Klammerteil wird festgehalten und der überschüssige Drahtanteil des Retentionsteiles wird mit Hilfe des Seitenschneiders unter dem Tisch vom Körper weg abgetrennt.	Die überschüssigen Drahtanteile werden entfernt um einen kompakte Retentionsteil zu erhalten, der bei der folgenden Erstellung der Zahnaufstellung nicht hinderlich ist.
7	Kontrolle und Bewertung	Optische Kontrolle, daß der Klammerarm gleichmässig anliegt und daß Retentionsanteil und Übergang in ausreichendem Abstand zur Gingiva verlaufen.	Der Klammeranteil muss gleichmässig anliegend verlaufen, da sonst eine Sicherung des Klammerzahnes vor Rotationen nicht ausreichend gewährleistet ist. Der Retentionsanteil muss entsprechenden Abstand von der Gingiva haben, um ihn ausreichend im Kunststoffkörper der Prothese fassen zu können. Der Übergang zum Retentionsanteil darf nicht am Parodont anliegen, da es hier sonst zu Reizungen kommt.

3. Stufe: Nachmachen und Erklären lassen

1. Die Auszubildende wiederholt die gezeigten Arbeitsschritte und erklärt dabei, was sie macht, wie sie es macht und warum sie es macht.

2. Es werden gezielt Verständnisfragen in Bezug auf das „Warum" gestellt.

3. Die Tätigkeit der Auszubildenden wird beobachte, bei Fehlern wird korrigierend eingegriffen.

4. Die erstellte Klammer wird gemeinsam mit der Auszubildenden kontrolliert und bewertet.

5. Es wird stets auf die Arbeitssicherheit geachtet.

6. Anerkennung der Aufmerksamkeit und des Interesses der Auszubildenden.

7. Hinweis, dass die Auszubildende Werkzeuge und Materialien sauber und ordnungsgemäß aufräumt.

4. Stufe: Selbständig anwenden

1. Zum Festigen der erworbenen Kenntnisse und Fertigkeiten bekommt die Auszubildende das Modell einer anderen Patientensituation.

2. Der Schwierigkeitsgrad der Arbeit wird gesteigert, da die Auszubildende nun auch an der anderen Kieferseite eine Klammer biegen soll. Die erworbenen Kenntnisse und Fertigkeiten müssen nun im Prinzip spiegelbildlich angewandt werden.

3. Bei der Arbeit handelt es sich um einen Patientenfall, der im Folgenden von der Auszubildenden bis zur Fertigstellung weiterbearbeitet wird.

4. Die Auszubildende erhält für das Biegen der geforderten zwei Klammern 40 Minuten Zeit.